¿Quién es Jesús?

Carlo Maria Martini

¿Quién es Jesús?

Título original: *Chi e' Gesu?*
©Edizioni San Paolo s.r.l., 2013
Piazza Soncino, 5 – 20092 Cinisello Balsamo (Milán), Italia

> Martini, Carlo María
> ¿Quién es Jesús? / Carlo María Martini - 1a ed. - Ciudad Autónoma de Buenos Aires : Bonum, 2014.
> 64 p. ; 20x12 cm. - (Itinerarios)
>
> Traducido por: Silvia Tombesi
> ISBN 978-987-667-103-3
>
> 1. Espiritualidad. II Tombessi, Silvia, trad. II. Título.
> CDD 291.4

Revisión: Pablo Valle
Diseño de interiores: Paula Álvarez
Diseño de cubierta: Natalia Siri

© Editorial Bonum, 2014.
Av. Corrientes 6687 (C1427BPE)
Buenos Aires - Argentina
Tel./Fax: (5411) 4554-1414
ventas@editorialbonum.com.ar
www.editorialbonum.com.ar

Queda hecho el depósito que indica la Ley 11.723
Todos los derechos reservados

No se permite la reproducción parcial o total, el almacenamiento, el alquiler, la transmisión o la transformación de este libro, en cualquier forma o en cualquier medio, sea electrónico o mecv/°nico, mediante fotocopias, digitalización u otros mv/©todos, sin el permiso previo y escrito del editor. Su infracción estv/° penada por las Leyes 11.723 y 25.446.

Impreso en Argentina
Es industria argentina

Introducción

"Vengan a mí", dice Jesús

¿Cómo empezar?

¿Cómo empezar a hablar de Jesús?

Me he dicho: no se puede hablar de Jesús sin partir de las preguntas que nos hacemos, que empiezas a hacerte también tú...

¿Qué quiere decir para mí ser una persona?

¿Cómo vivo la relación con los otros?

¿Por qué debo respetar los derechos de los otros?

¿Qué hace crecer mi persona y a los otros que me rodean?

¿Cómo supero los conflictos entre mi interés personal y el bien de todos?

¿Qué relación hay entre mis convicciones y las opiniones que se difunden en torno de mí?

¿El deseo de comunicarse, de amar y de ser amado que hace tender mi persona hacia los otros se realiza plenamente en la familia, con los amigos, o bien va más allá de la experiencia humana y me orienta hacia un misterio, del cual mi persona recibe su verdadera dignidad?

¿Y quién me ha enseñado estas cosas?

¿Quién me ha dado el sentido de mi dignidad interior y de la dignidad de toda persona?

¿Quién sostiene cada día mi debilidad, quién renueva en mí la decisión de combatir siempre y como sea por el hombre, de poner a los últimos en primer lugar y de dar voz a quien no tiene voz?

¡Es la palabra de Jesús!

Es él quien ha dicho: "Vengan a mí todos ustedes que están cansados y agobiados, y yo les daré descanso. Carguen con mi yugo y aprendan de mí, pues yo soy apacible y humilde de corazón, y encontrarán descanso para su alma. Porque mi yugo es suave y mi carga es liviana".

Es esta búsqueda continua de un amor más grande que nosotros lo que constituye tu grandeza como persona.

¡Busca a Jesús!

1

¿Has probado encontrarte en la oscuridad?

Quizás le tienes miedo a la oscuridad. Muchas personas tienen miedo de la oscuridad, no hay que avergonzarse de eso. Siempre ha sucedido; también hace dos mil años existía el miedo a la oscuridad (incluso más que hoy, porque no había luz eléctrica). Y Juan, que escribió el cuarto Evangelio, debía saberlo bien, porque así decía: "Y la luz brilla en las tinieblas, y las tinieblas no la vencieron" (Juan 1, 5).

Sí, has comprendido bien: en el Evangelio de Juan, se habla de la oscuridad, de la noche, de la luz.

Parece que delante de nosotros se ve el pesebre navideño, con el establo iluminado con una tenue luz de candela, y en todo alrededor, la oscuridad.

¿Por qué la oscuridad provoca miedo? Porque en la oscuridad hay confusión, no se sabe por dónde andar, no se ve lo que hay en torno, y nos parece que estamos solos... Nos parece que nadie nos puede ayudar. Esto aterroriza.

Pero Juan ha dicho: "Y la luz brilla en las tinieblas, y las tinieblas no la vencieron".

2

¿Cuánta luz es necesaria para vencer la oscuridad?

No es necesaria una gran luz.

Todos sabemos que, donde la oscuridad es más profunda, basta una llamita, muy pequeña incluso, el fulgor de un relámpago, un momento de luz, para dar esperanza, para hacer que la oscuridad ya no sea... ¡tan oscura!

Es suficiente una lucecita para volver a caminar, para ver a los otros que nos rodean, para encontrar nuestras cosas que parecían haberse desvanecido, perdido.

Y la luz no es "algo casual".

Una luz que resplandece en la oscuridad quiere decir que Alguien ha venido a nuestro encuentro.

No hay una imagen más bella para empezar a hablar de Jesús: Jesús es la luz que Dios enciende para nosotros, para que ya no tengamos temor de la oscuridad. Y esta luz que es Jesús, aunque nazca pequeña como el niño del pesebre, ilumina la noche, y las tinieblas no la vencen: una vez que esta luz se ha encendido en el mundo, es indestructible.

Tiene el calor mismo del amor.

3

En tu pesebre, ¿alguien habla?

Prueba prestar atención.

En tu pesebre, sólo hay silencio.

No hay necesidad de palabras: está María, la madre; el Niño; José. Ninguno habla. Ha sucedido algo que no necesita palabras.

¿Lo has notado? Todos hablamos tanto: en casa, entre amigos, en la televisión…

En el pesebre, nadie habla. Todo se desarrolla en silencio. Incluso los pastores que vienen a encontrarse con María, Jesús y el Niño llegan y se callan.

Antes de llegar, se han invitado unos a otros así: "Vamos a ver la Palabra".

En el silencio del pesebre, la única palabra es el niño Jesús.

En el silencio, sólo habla Dios, y su palabra es un niño.

Un niño como has sido también tú.

4

Jesús es la luz en la oscuridad y la palabra en el silencio

¿Pero qué palabra es ese Niño?

Una palabra de alegría, ciertamente: un niño siempre es alegría; es amor, porque significa que está creciendo una familia.

Pero un niño es también palabra de llanto: apenas nacidos, los bebés lloran, y también Jesús lloró como todos, se inquietó como todos, sonrió como todos, pidió ser amado y atendido como todos los niños.

El niño Jesús es la palabra de Dios que nos dice: Cuiden de mí, y serán felices.

¿Queremos cuidar a este niño? ¿Queremos conocerlo?

5

Hagamos lo mismo que los pastores

Para conocer a Jesús, Lucas, el autor del tercer Evangelio, nos invita a hacer lo mismo que los pastores: en la oscuridad de la noche, fueron a ver la luz y la palabra, para entender quién era el que había nacido.

Hagámoslo también nosotros.

Ir hacia Jesús significa, ante todo, caminar desde la oscuridad hacia la luz; es decir; desde lo peor hacia lo mejor; desde el miedo hacia la alegría.

6

¿Qué quiere decir "Cristo"?

Es tiempo de comprender una cosa que quizás repetimos con mucha frecuencia sin saber su significado: también llamamos a Jesús con el nombre de "Cristo".

"Cristo" es una palabra griega que significa "ungido", consagrado por Dios como responsable de la historia, del camino de los hombres hacia la paz.

Y la palabra hebrea "Mesías" quiere decir lo mismo: el Mesías, de hecho, es quien permite que se realice el bien de la paz en todas nuestras relaciones.

Tú seguramente sabes qué difícil es "hacer las paces", "vivir siempre en paz"; y he aquí que Jesús es Cristo-Mesías, porque hace posible "estar en paz".

Nosotros acogemos a Jesús como Mesías cuando aceptamos que Él nos enseñe la paz, el amor; acogemos a Jesús como Cristo-Mesías cuando aceptamos que sea nuestro amigo, cuando le permitimos realmente venir a nuestro encuentro.

7

¿Cómo se hace para reconocer a Jesús Mesías?

No es fácil; y no era fácil tampoco en los tiempos cuando Jesús caminaba en el mundo.

También Juan el Bautista, aunque debía conocerlo muy bien, en cierto momento tuvo alguna duda.

Éste estaba en prisión, arrestado por orden de Herodes, y envió a sus discípulos a preguntarle a Jesús: "¿De veras eres tú el Mesías?".

Jesús hubiera podido responderle directamente diciendo: "Sí, soy yo"; pero no lo hizo.

Respondió, en cambio, de otra manera, enumerando las cosas que había cumplido y que todos tenían ante los ojos: "Díganle a Juan lo que ven: los ciegos tienen vista; los lisiados caminan bien; los leprosos se curan; los sordos oyen; los muertos resucitan; ¡los pobres tienen finalmente una buena nueva!".

Jesús responde a Juan sin hablar de sí mismo, sino hablando del bien del hombre.

Así es como tú también puedes conocer y reconocer a Jesús: mira a los hombres que sufren necesidades; piensa que pueden vivir libres del mal.

El "signo" de Jesús es un mundo mejor. Y el signo de los amigos de Jesús es éste: ellos participan de la realización de un mundo mejor, de la sanación del mundo. También tú puedes, entonces, llevar en ti el signo de Jesús, ayudando al mundo a ser mejor.

8

La fe de un soldado romano

Uno de los episodios del Evangelio que me parece más bello es aquel en que un centurión romano se encuentra muy preocupado porque un subordinado, a quien quiere mucho, está enfermo; ese jefe de los soldados le pide, entonces, a Jesús que cure a su sirviente que está en riesgo de muerte (cf. Mateo 8, 5-13).

Jesús, como siempre, está disponible y se ofrece a ir a su casa; pero el soldado le responde con una fe tan intensa que deja admirado al propio Jesús.

El centurión, en efecto, parte de la idea de la eficacia de su palabra de oficial: cuando le ordena algo a un subalterno, éste hace inmediatamente lo que su superior le ordena.

Con mayor razón la palabra de Jesús, que porta en sí la potencia de Dios, podrá obrar, incluso desde lejos, la sanación.

El centurión cree que a Jesús le bastará con decir una palabra, para que su siervo sea sanado.

Otra vez la palabra, ¡sí!

9

Jesús tiene una palabra que no traiciona

La historia del centurión nos debe hacer reflexionar.

Todos, incluso tú, usamos las palabras. Y éstas nos revelan muchas cosas de nosotros: con las palabras vamos en busca de los otros, de un contacto con ellos.

Vida, esperanza, alegría, compromiso, laboriosidad, amor...; todo lo que somos se expresa con el frágil envoltorio de la palabra.

Pero nuestra palabra humana, a menudo, es pobre. Cuántas veces balbuceamos, a cuántas cosas no sabemos ponerles un nombre, en cuántas ocasiones no logramos comunicar lo que realmente queremos...

Seguramente te ha ocurrido que te enojaras porque no lograbas hacerte entender de veras con simples palabras...

Y cuántas veces has notado que las palabras, en vez de amor, pueden transmitir odio, falsedad y discordia, transformarse en mentiras, en maledicencia…

La gran novedad de Jesús ha sido ésta: Él mismo es palabra, y la palabra misma de Dios, que no traiciona, no engaña, promete sólo lo que puede cumplir.

10

¡Tengo un poco de sueño!

Tal vez, luego de todas estas páginas, te esté dando un poco de sueño.

Bueno, consuélate: hasta los apóstoles, los amigos que Jesús había llamado para estar cerca de él, incluso en momentos importantes, a veces, se sentían soñolientos.

De nuevo Lucas, en su Evangelio, en cierto momento, apunta: "Pedro y sus compañeros estaban cargados de sueño" (9, 32).

Y también, consiguientemente, justo mientras Jesús está rogando con angustia en espera de su arresto, sus amigos... ¡duermen!

En ambos casos, el sueño llega en un momento de plegaria.

Esto nos hace pensar.

El sueño es un aspecto misterioso de la plegaria de Pedro y de sus compañeros, e indica una característica de nuestra búsqueda de Dios.

No se trata sólo del sueño físico que, aunque debemos vencerlo y superarlo, no es demasiado negativo.

La mención del pasaje va más en profundidad y califica nuestra búsqueda como desganada, ardua: a veces, nos contentamos con la exterioridad, sin entrar con el corazón en las palabras que expresamos y sin dejarnos involucrar en ellas.

En el sueño de los discípulos, están retratadas la fatiga, la repugnancia a comprometerse en el camino hacia Jesús con perseverancia.

Lo mismo sucede con nosotros: es la misma fatiga que quizás experimentamos ahora.

Si somos sinceros con nosotros mismos, debemos reconocer que, lamentablemente, cuando se trata de buscar a Jesús, el sueño está muy arraigado en nosotros.

Si Jesús es la palabra que cambia la vida, aspira a una vida capaz de cambiar: y esto causa cansancio (y nos provoca sueño).

11

Jesús no es un amigo simple

Habiendo hablado recientemente de fatiga, no puedo evitar contarte otra historia. Quizá ya la conoces.

Cierto día, un joven va al encuentro de Jesús para pedirle algo de mucha importancia para él.

Aquel joven sin duda ha oído hablar de Jesús, de las cosas que se decían de él y de lo que había realizado.

Probablemente, ha hecho un recorrido similar al que nos ha conducido hasta aquí: ha comprendido que ese Maestro puede cambiarle la vida para mejor, ser una nueva perspectiva, darle una vida que no tenga fin.

Entonces, va hacia Él y, arrodillándose lleno de respeto, le hace un pedido que podría ser el nuestro: "Maestro bueno, ¿qué debo hacer para obtener la vida eterna?".

Hay en él una disponibilidad, una apertura muy grande. No es una persona cualquiera, tiene una gran rectitud.

Jesús le responde que debe observar los mandamientos, la Ley que Moisés le dio al pueblo durante el éxodo de Egipto; vale la pena recordar el Decálogo, las "Doce Palabras":

Yo soy el Señor, tu Dios.

Primera palabra: No habrá para ti otros dioses delante de mí.

Segunda palabra: No tomarás en falso el nombre del Señor, tu Dios.

Tercera palabra: Recordará el día del sábado para santificarlo.

Cuarta palabra: Honrarás a tu padre y a tu madre.

Quinta palabra: No matarás.

Sexta palabra: No cometerás adulterio.

Séptima palabra: No robarás.

Octava palabra: No darás testimonio falso contra tu prójimo.

Novena palabra: No codiciarás la mujer de tu prójimo.

Décima palabra: No codiciarás nada que sea de tu prójimo.

El joven, que es un buen observador de la Ley, responde: "Maestro, todo eso lo he guardado desde mi juventud". Jesús, entonces, nos dice el evangelista, "fijando en él su mirada, lo amó"; lo amaba también antes, pero aquí expresa ese amor personal que refleja el infinito amor de Dios por cada uno de nosotros. Por eso le pregunta otra cosa: "Una cosa te falta: anda, cuanto tienes véndelo y dáselo a los pobres, y tendrás un tesoro en el cielo; luego, ven y sígueme".

El joven comprende perfectamente que se le encomendó una tarea, que se le ha pedido no sólo dar lo que tiene a los pobres, sino también compartir la suerte del Maestro, su vida de predicador itinerante, cuestionado y rechazado.

La invitación de Jesús lo abate y "se marchó entristecido, porque tenía muchos bienes".

Habría podido decir: "Lo pensaré, reflexionaré"; o bien: "Dame la fuerza de seguir esta tu palabra". Por el contrario, se encierra en sí mismo porque tiene muchos bienes.

Entonces la tristeza invadió su corazón; intuyó que, a pesar del amor con que fijamente Jesús lo miró, él no se arriesga a aceptar ese desafío, por miedo, por cobardía, por indolencia.

Es un episodio dramático que nos hace pensar, que nos revela que ese Jesús que cambia la vida es un amigo fascinante, pero también muy difícil.

Cada uno de nosotros tiene muchos bienes, aunque no sea una cuenta en el banco: son los talentos que queremos expresar, los proyectos que hacemos, las amistades y, en el fondo, nuestra autonomía, el querer disponer libremente de nosotros mismos.

Cuando Jesús nos pide que obedezcamos su palabra, todo se pone en juego, no para arrojarlo al mar, sino para que vuelva valorizado.

Conocer a Jesús de verdad significa comprometerse con él y por él.

12

Tenemos un padre porque somos hijos

A esta altura, podrías preguntarme: "Pero ¿Jesús qué ofrecía a cambio a ese joven y qué me ofrece a mí?".

La pregunta es legítima. En primer lugar, debo hablarte de lo que Jesús ha cambiado principalmente, con su venida al mundo: nos ha dicho que Dios es un padre y que nosotros somos sus hijos.

La palabra "padre" no es tan reducida, puede tener tantos significados y evocar muchas emociones, porque cada uno revive su propia relación con su padre natural, que puede ser óptima, mediocre o pobre.

Es también un apelativo que toca muchos aspectos de nuestra vida interior. Y es una palabra que también tiene muchos significados.

Claramente, padre es, ante todo, el que da la vida biológica; el que es, junto con la madre, su iniciador.

Padre es, también, el que educa para la vida, y educa quizá de un modo más duro (el padre es también el que castiga).

Padre es, además, el que nutre, el que debe procurar el sustento a los hijos y es el que protege, en cuyos brazos nos refugiamos.

El niño se arroja a los brazos del papá para buscar protección, y cierra los ojos mientras lo abraza para no ver el peligro. El padre es así símbolo del refugio, del consuelo.

Representa, además, la fuerza de la tradición. Cuando lo nombramos, pensamos de inmediato en las raíces que constituyen nuestra identidad como personas.

En la invocación "Padre", que Jesús nos pone en los labios, están presentes todos estos significados.

Sin embargo, hay aun algunos más: algo que nace en un momento preciso, en el del Bautismo mismo de Jesús. De hecho, también Jesús fue bautizado, en el Jordán, por Juan Bautista. Juan no quería hacerlo, pero Jesús insiste y ocurre esto: "Bautizado Jesús, salió luego del agua; y en esto se abrieron los cielos y vio al Espíritu de Dios que bajaba en forma de paloma y venía sobre él. Y una voz que salía de los cielos decía: 'Éste es mi Hijo amado, en quien me complazco'" (Mateo 3, 16-17).

He aquí algo en que se piensa poco: para que pueda llamar a alguien "padre", es necesario que alguno me llame "hijo". "Padre" no es la primera palabra, es la segunda.

La primera es aquella de quien nos dice: "Hijo, hijo mío queridísimo, hijo mío amadísimo".

Y ésta es la gran novedad que trae Jesús: ¡Dios te ha llamado "hijo"!

Por eso rezamos una plegaria como el padrenuestro.

Padre nuestro,

que estás en el cielo,

santificado sea tu Nombre;

venga a nosotros tu reino;

hágase tu voluntad

en la tierra como en el cielo.

Danos hoy nuestro pan de cada día;

perdona nuestras ofensas,

como también nosotros perdonamos

a los que nos ofenden;

no nos dejes caer en la tentación,

y líbranos del mal.

En el padrenuestro, que es la oración que enseñó Jesús, el Padre es el Dios Padre de Jesucristo, ese a quien Jesús llama "Padre" y ese por quien es llamado "Hijo".

Jesús ha venido a decirnos que su Padre es también nuestro Padre.

Entonces, el pedido de Jesús al joven que tenía muchos bienes adquiere un nuevo aspecto; es como si Jesús le dijera: "Una sola cosa te falta: anda, vende lo que tienes y dalo a los pobres, y serás hijo de mi mismo Padre...".

Ser hijos del Padre de Jesús es la nueva identidad que él nos ha procurado con su (primero) y nuestro (después) Bautismo; en el momento en que somos bautizados, el Padre nos llama "hijo mío queridísimo, hijo mío amadísimo", y nosotros respondemos con la palabra "Padre que me ha engendrado".

He aquí el primer significado de esta palabra, de la cual derivan luego todas las otras: Padre nutricio, Padre educador, Padre refugio, Padre sostén, Padre consuelo, Padre también que castiga y purifica, siempre porque nos ha engendrado.

13

Tampoco nosotros somos hijos fáciles

Y he aquí que la historia del joven rico nos revela algo de nosotros mismos: tampoco somos hijos fáciles.

Jesús espera de nosotros una respuesta, porque hay un gran plan: construir un diálogo con el hombre, mostrarle al hombre que al Padre, Dios, "vale la pena" que se lo descubra, porque es amor.

¿Recuerdas la parábola del hijo pródigo?

Un joven decide irse lejos del padre, para hacer su propia vida; luego, en realidad, su vida se hace añicos, y regresa a casa del padre, que lo recibe con los brazos abiertos.

El problema no es lo que el hijo pródigo ha hecho, que haya despilfarrado el dinero, cómo había vivido en el país donde había terminado yendo. No se hace una lista de todos sus pecados. Lo que se resalta es que el hijo ha tratado mal al padre, que la relación entre el hijo y el padre se deterioró por la desconfianza, porque el hijo creyó que se encontraría mejor fuera de casa.

Y la relación se recompuso a través de la reconstrucción de la confianza. Jesús enseña al hombre (a ese hijo difícil que todos somos) a confiar en Dios, en el Dios que es Padre.

El relato se encuentra bajo el signo final de la fiesta, de la alegría. Es el reencuentro de un vínculo, la reconstitución de una amistad, la reconstrucción de una esperanza.

14

Jesús entra en Jerusalén y viene a nuestro encuentro en nuestra ciudad

Pero el centro de la vida de Jesús está en su pasión, muerte y resurrección.

Y de esto hablaremos en las páginas que siguen.

Partamos, entonces, de una pregunta:

¿Y si Jesús viniera a nuestra ciudad? ¿De qué modo vendría?

En Belén, donde nació, no lo estaban esperando; en Jerusalén, donde va a sufrir y a morir, bien sabe que hay prejuicios contra él...

Sin embargo, el modo en que entra Jesús no es temeroso, desconfiado, reservado, cauto, sino abierto e incluso benévolo y conciliador.

"¡No temas, hija de Sión! —dice el evangelista al comentar el ingreso de Jesús en Jerusalén—; mira que viene tu Rey montado en un asno".

La expresión "hija de Sión", con su ternura, dice que la ciudad es como una hija, una muchacha, a quien hay que amar. No temas, hija de Sion, porque tampoco yo te temo —dice Jesús—. Yo te amo y vengo a ti con amor; no tengas miedo.

Jesús no es un conquistador que entra en la ciudad con armas; mucho menos, con las armas de los prejuicios. Lo que hizo en Jerusalén creo que lo haría en cualquiera de nuestras ciudades modernas. ¿Quieres saber cómo Jesús entraría en la ciudad en que habitas? ¡Mira cómo entró en Jerusalén!

15

Jesús llega a nuestra ciudad: ¡ve a su encuentro!

El Evangelio dice que la gran muchedumbre que había llegado para la fiesta, al oír que Jesús arribaba a Jerusalén, fue a su encuentro gritando: "¡Hosanna! ¡Bendito el que viene en el nombre del Señor!".

No sabemos si la multitud de los que así respondieron a la entrada de Jesús haya sido mucha o poca respecto de la cantidad de habitantes; pero, ciertamente, eran también personas de la ciudad.

Cada ciudad, cada pueblo, tiene un alma: el alma de un pueblo es su historia. En Jerusalén, las personas que fueron al encuentro de Jesús llevaban también consigo parte del alma, de la historia de esa ciudad.

También nosotros, cuando vamos al encuentro de Jesús, lo hacemos con el alma del pueblo en que crecemos. Vamos hacia Jesús con nuestras esperanzas, nuestros deseos: ¡Lleva también tus deseos al encuentro con Jesús! ¡Llévale tu vida, la vida de las personas que amas…!

16

Cuando Jesús toma el pan...

Tras la entrada a Jerusalén y la muerte en la cruz, hay un tiempo para un gesto que no deberá olvidarse.

También sabes cuán importante es compartir la comida, sentarse a la mesa con tus amigos, comer juntos. Lo sabía también Jesús, de un modo que nos parece sorprendente, abruma nuestra inteligencia y conmueve nuestro corazón.

Cuando parte el pan con sus amigos, Jesús se nos da a sí mismo.

Y sólo él puede dejarse a sí mimo como don para nosotros, porque sólo él es una sola cosa con el amor de Dios, que puede hacer cualquier cosa: el pan y el vino se convierten realmente en su Cuerpo y en su Sangre vertida en la cruz; cuando comemos la Eucaristía, de verdad nos sentamos a la mesa con Jesús y nos nutrimos de él; así estamos cerca de él para recibir su Cuerpo como alimento.

¡Esto es lo que hacemos durante la Misa!

17

¡Jesús en la cruz no es un débil!

Piensa en Jesús crucificado.

¿Te viene a la mente un hombre poderoso? ¿Un Dios poderoso? ¿Piensas que fue un débil? ¿Qué podía rebelarse? ¿Qué no lo hizo porque no tenía la fuerza necesaria?

Jesús nos ha enseñado un modo distinto de ser hombre: no ha querido ser un tirano; no ha querido renegar de sus ideas; no ha querido someter a los otros; pero tampoco ha querido rendirse. Jesús está en la cruz porque "resiste" al mal. Y su resistencia se llama "amor".

En la cruz, Jesús piensa lo contrario de quienes lo crucificaron.

En los hombres que pusieron a Jesús en la cruz, hay envidia, miedo, traición, poder...

En Jesús, hay amor. Y se nos ocurre decir, cuando comprendemos este amor: "Jesús, ¡no soy capaz de amar como lo haces tú!". Y entonces, desde la cruz, Jesús nos responde: "No tengas miedo. Yo amaré por ti".

Ante la cruz de Jesús, todos somos llamados a elegir de qué parte estamos: o con él, aceptando que el amor algunas veces es también difícil, o con quienes lo crucificaron.

18

"Contigo, todos los días"

Jesús ha vivido en el mundo. Ha transcurrido más de treinta años en medio de los hombres y en la ciudad de los hombres. Se ha alegrado con sus amigos, como te ocurre a ti también; ha sufrido porque algunos no lo quisieron, y también esto le ocurre en algún momento, desgraciadamente, a cada uno de nosotros.

Ahora está en la cruz. Y desde la cruz de su sufrimiento da una profunda mirada a la tierra en la cual ha vivido, a la ciudad que ha recorrido.

¿Cómo ve Jesús esta realidad de nuestro mundo, de nuestra ciudad? Ve todo, nuestro bien y nuestros males, con infinito amor, con infinita misericordia. Y para explicar su amor, Jesús nos dice tres cosas.

- La primera es: "Estoy dentro de ustedes".

Todos aquellos que lloran, que sufren, todos los dolientes de esta ciudad, todos los que sufren violencia, engaños, chantajes; todos los que están solos; todos, dice Jesús, están dentro de mí, y yo estoy dentro de ellos; de hecho, cualquier cosa que le hayan hecho al más pequeño, al más pobre, al más abandonado, al más descorazonado, al más solitario de éstos, mis amigos, me la han hecho a mí.

- La segunda es: "Yo estoy con ustedes".

Estoy con todos ustedes, mujeres y hombres de buena voluntad; con ustedes que buscan hacer el bien, que se comprometen en algún pequeño servicio a los otros, que donan alguna cosa suya. Estoy con ustedes, con sus alegrías y sus fatigas.

- La tercera es: "Yo estoy delante de ustedes".

Soy la meta a la cual mirar. Soy yo el que construye la ciudad que siempre estará de pie, la ciudad de la amistad y de la fraternidad en la cual todos serán hermanos y hermanas bajo un único nombre y un único cielo. Soy yo el que construye esta ciudad, cuyo arquitecto es Dios, y en la cual todos se reconocerán como amigos por siempre.

19

A menudo tenemos miedo

Una de las cosas en verdad importantes de la resurrección de Jesús la dice él mismo a sus amigos, cuando se les aparece luego de haber vuelto a la vida: "No tengan miedo".

Creo que el miedo es algo que todos hemos sentido; incluso, tú.

Y las razones de nuestro miedo, en verdad, son muchas: a veces, tienen un sentido preciso; a veces, son miedos que no sabemos explicarnos. Pero somos y nos volvemos más débiles.

También los apóstoles, después de la muerte, y aun habiendo ya oído decir que Jesús había resucitado, sentían miedo, como nosotros. El Evangelio de Juan nos dice que estaban en su casa, con las puertas cerradas.

Cuando se tiene miedo, sucede así: se cierran las puertas. Miedo y encierro caminan juntos. Cuando somos felices, abrimos todo de par en par, tenemos deseos de encontrarnos con los otros… Cuando tenemos miedo, cerramos todo.

Y, a pesar de estas puertas cerradas, Jesús entra en la casa de los atemorizados discípulos. Aun cuando nos cerremos dentro de nuestro miedo, Jesús encuentra el modo de entrar "a puertas cerradas".

El Evangelio dice: "Se presentó en medio de ellos".

No "sobre ellos", para mostrar superioridad; no "al lado", quizá para observar y juzgar. "En medio", a su nivel, como un hermano que ha regresado. Y, estando "en medio", dice: "La paz sea con ustedes".

¿Lo has pensado alguna vez? Habría podido decir muchas otras cosas; por ejemplo: ¿Por qué me han abandonado? ¿Dónde están sus promesas? ¿Dónde estás, Pedro, que me proclamaste amistad hasta la muerte?

Jesús habría podido comportarse como con frecuencia lo hacen los adultos cuando reprenden a un niño que se ha comportado mal; habría podido hacer ruborizar a todos en esa casa, humillarlos, avergonzarlos... En cambio, dice esta dulcísima palabra: "La paz sea con ustedes".

A quien lo ha olvidado, repudiado, abandonado, Jesús le dice una palabra de aliento, una palabra de confianza.

Esto es Jesús.

20

Un hombre que tiene "todo poder"

Leamos las últimas palabras del Evangelio de Mateo: "Me ha sido dado todo poder en el cielo y en la tierra".

Es lógico que tenga todo este poder: ¡ha vencido a la muerte!

Se ha convertido en el Señor de la historia, que está por subir al cielo después de haber muerto y resucitado. ¿Quién puede haber más poderoso que él?

Pensamos siempre en el poder como dominio. Quien tiene poder es quien domina.

Pero Jesús ha cambiado todo: el poder de Jesús es el poder de quien sirve.

No es un poder similar al de los que gobiernan el mundo; no es el poder de quien posee todo y quisiera más (nosotros estamos siempre tentados por ese poder: aun en casa, en familia, nos gusta tener este poder); el poder de Jesús es, por el contrario, el poder del don.

Cuando aprendemos a darnos, entonces comenzamos también nosotros a tener el mismo poder de Jesús: el poder de quien ha amado y ama, de quien quiere ser hermana y hermano de todo el mundo.

El poder de Jesús es el poder de la hermandad entre todos, en el mundo, y este "poder de servicio y de hermandad" es el que Jesús consigna a la Iglesia: "Vayan por todo el mundo y proclamen la Buena Nueva a toda la creación".

Esto es Jesús, y ésta es la tarea de todos los hombres de buena voluntad.

21

Jesús, finalmente, es el que siempre está con nosotros

Los hombres a menudo se sienten solos. Es algo propio de la vida.

Quizá te haya ocurrido también a ti. Miramos alrededor y, a veces, nos embargamos de amargura y desilusión. Sentimos que nos falta algo, que otras cosas no andan bien, que alguno nos decepciona o nos hace sufrir…

Nos gustaría un mundo perfecto. Y bien, este mundo perfecto no está lejos.

Esto Jesús lo dice con claridad. La palabra final del Evangelio de Mateo es: "Yo estoy con ustedes todos los días hasta el fin del mundo".

Jesús está al lado de Dios, en el Reino perfecto, definitivo; y, al mismo tiempo, está con nosotros todos los días, con su Iglesia; Jesús glorioso y poderoso está en nosotros y con nosotros; está en nuestras manos para que podamos construir una sociedad más justa; está en nuestra mente para que podamos reflexionar sobre lo que es bueno; está en nuestro corazón para que podamos tomar las decisiones que nos lleven a la vida y al amor.

Cuando encontramos alrededor de nosotros tantas cosas de las cuales lamentarnos, tantos motivos para el pesimismo y la desilusión o la desconfianza, debemos aprender a mirar a Jesús, que está "con nosotros todos los días".

Así ocurrirá que, como en estas nuestras páginas, también partiendo de la oscuridad, llegaremos a la luz; la ciudad de Jesús, la Jerusalén celestial, en efecto, es el lugar de la paz y de la justicia perfecta, donde todo es claro y libre.

¡Tú también!

Una breve conclusión

En el Evangelio de Juan, del cual hemos partido al comienzo de nuestro camino, Jesús es llamado "Verbo", "Palabra": "En el principio existía la Palabra", dice el autor del cuarto Evangelio. La palabra, para nosotros, los hombres, es importante. Hay una Palabra para romper primero el silencio, para decir nuestro nombre, para darle un proyecto a nuestra vida. En esta Palabra es donde el nacer y el morir, el amar y el darse, la escuela y la vida en familia tienen un sentido y una esperanza.

Gracias a esta Palabra, hemos podido decir lo que nos ha conducido hasta aquí.

Jesús nunca deja de hablarnos.

Índice

Introducción. "Vengan a mí", dice Jesús
7

1. ¿Has probado encontrarte en la oscuridad?
9

2. ¿Cuánta luz es necesaria para vencer la oscuridad?
11

3. En tu pesebre, ¿alguien habla?
13

4. Jesús es la luz en la oscuridad y la palabra en el silencio
15

5. Hagamos lo mismo que los pastores
17

6. ¿Qué quiere decir "Cristo"?
19

7. ¿Cómo se hace para reconocer a Jesús Mesías?
21

8. La fe de un soldado romano
23

9. Jesús tiene una palabra que no traiciona
25

10. ¡Tengo un poco de sueño!
27

11. Jesús no es un amigo simple
29

12. Tenemos un padre porque somos hijos
33

13. Tampoco nosotros somos hijos fáciles
37

14. Jesús entra en Jerusalén y viene
a nuestro encuentro en nuestra ciudad
39

15. Jesús llega a nuestra ciudad: ¡ve a su encuentro!
41

16. Cuando Jesús toma el pan…
43

17. ¡Jesús en la cruz no es un débil!
45

18. "Contigo, todos los días"
47

19. A menudo tenemos miedo
49

20. Un hombre que tiene "todo poder"
51

21. Jesús, finalmente, es el que está siempre con nosotros
53

Una breve conclusión
55

Otros títulos recomendados de Editorial Bonum

✸ *La alegría,
sal de la vida cristiana*
Amadeo Cencini

Relata la felicidad al reconocernos amados del Padre, sabernos hijos nos hace sus testigos.

15x22 cm / 128 páginas
ISBN 978-950-507-978-0

✸ *Tu palabra me da vida*
Raniero Cantalamessa

La lectura espiritual de la Biblia es un fruto, de los más exquisitos, del Espíritu.

15x22 cm / 128 páginas
ISBN 978-987-667-002-9

✱ *Anhelos que guían*
Anselm Grün

Los anhelos nos impulsan siempre, y ayudan a encontrar sentido y orientación en nuestra vida.

15x22 cm / 96 páginas
ISBN 978-987-667-026-5

✱ *Peregrinos en camino*
Ángel Rossi y Diego Fares

En cada peregrino hay una historia de vida, de alegrías, de ansias y dolores; una historia de encuentro con Jesucristo.

15x22 cm / 204 páginas
ISBN 978-987-667-008-1

www.ingramcontent.com/pod-product-compliance
Lightning Source LLC
LaVergne TN
LVHW010615070526
838199LV00063BA/5163